향기 없어도
안아 주고
싶은 꽃

강태구 제4시집

향기 없어도 안아 주고 싶은 꽃

한강

시인의 말

꽃을 좋아합니다
구름도
바람도 사랑합니다
그러다
어언
예까지 오며
혼적 없이 사라지는 걸
눙치다 모은
명물의 꽃가루입니다
향기가 어떨지…
부끄럽습니다.

2025년 6월에
강태구

강태구 제4시집   **향기 없어도 안아 주고 싶은 꽃**

□ 시인의 말

제1부 시간을 물들이다

세상의 꽃 ── 13
기우제 ── 15
하늘길 ── 16
쌍무지개 뜨는 언덕 ── 17
당신 ── 18
여로 ── 19
회전목마 타고 ── 21
시간을 물들이다 ── 22
교차로에서 ── 23
모르리 ── 24
석별 ── 25
약속 ── 26
홍시 ── 27
열애 ── 28
어떤 행복 ── 29
산다는 것은 ── 30
징검다리 ── 31
예행 연습 ── 32
넋두리 ── 33

향기 없어도 안아 주고 싶은 꽃   강태구 제4시집

제2부 열대야 엘레지

37 ── 거짓의 진실
38 ── 오월은
39 ── 날벼락
40 ── 퇴역
41 ── 봄을 만지다
42 ── 도전
43 ── 힘
44 ── 희망의 소리
45 ── 독백
46 ── 세모
47 ── 마음의 정원
48 ── 이삭줍기
49 ── 청춘의 덫
50 ── 애모
51 ── 흐리멍덩한
52 ── 열대야 엘레지
53 ── 명의
54 ── 뉘신가
55 ── 큰 바위 얼굴

강태구 제4시집 **향기 없어도 안아 주고 싶은 꽃**

제3부 낮은음자리

염원 —— 59
초승달 —— 60
그리운 것들 —— 61
메아리 —— 62
설교 시간 —— 63
꿈 —— 64
어머니 꽃 —— 65
소나기 맞으며 —— 66
내 무게 —— 67
거미줄 그네 —— 68
모래성 —— 69
과유불급 —— 70
무제 —— 71
일생 —— 72
한 사람 —— 73
어떤 슬픔 —— 74
고스톱 —— 75
낮은음자리 —— 76
희미해지기 —— 77

향기 없어도 안아 주고 싶은 꽃 강태구 제4시집

제4부 한계치 사랑

81 ──── 한계치 사랑
82 ──── 바람아·1
83 ──── 바람아·2
84 ──── 천국의 계단
85 ──── 소설
86 ──── 멀고도 먼 길
87 ──── 미리-미리
88 ──── 정
89 ──── 풍경
90 ──── 헷갈리다
91 ──── 무지개
92 ──── 작은 것들
93 ──── 대지의 꿈
94 ──── 찔레꽃
95 ──── 길을 접다
96 ──── 독버섯
97 ──── 방랑의 길
98 ──── 약속의 땅
99 ──── 경계에 서다

시간을 물들이다

제1부

세상의 꽃

가지마다 맺힌 꽃망울
웃음 띠우기 무섭게
바람이 머물다 간 연초록 잎
따뜻한 햇살이 미끄러질 때
꽃향기 한 줌 사라짐이 아쉬운
꽃이 있습니다

때론 꽃에 취해 코를 비벼
웃음을 낚는 꽃이 있는가 하면
머리를 풀고 도처를 헤매는 구름
멍하니 바라보는 이름 없는 꽃도 있습니다
꽃이 아무 때나 아무 데나 피지 않듯
사랑도 아무 때나 어느 곳에서
이루어지는 게 아닙니다

꽃이 핀 자리 향기 있고
있어야 할 물건 제자리 있을 때
편하고 아름답듯
향기 없어도 안아 주고 싶은 꽃은

참 좋은 꽃

세상엔 이런저런 꽃이 있습니다

기우제

비 오는 소리에 놀란 잠꾼
새벽녘에 눈 떴다

오랜만의 비 반갑기는 하다만
산천은 아직도 비실비실

김치가 성 바뀌고
돼지 입에 돈 물려도

저수지 발가벗고
불쌍한 것 지옥 가니

굳게 닫힌 하늘문
언제나 열리려나

이왕지사 올려거든
사람 땅 구별 없이

적당 정량 내려 주고
어서 빨리 살펴가소

하늘길

아스라이 들썩이는
이끼 속 이야기 들으며
한라산을 오른다
먼발치서 운무는 졸고
동짓날 햇살은
파도에 밀려드는데
신령님이 노했는지
바람은 뺨을 후려치고
앞서가는 산새 길 막아서며
시도 때도 모르는
속물은 되돌아가란다

쌍무지개 뜨는 언덕

혼자서는 갈 수 없었지
올 수도 없었지

굽은 허리 마주하고
주름진 얼굴 부비며

목마른 손짓으로
동그마니 서서

해맑게 물들어 온
영혼의 다리였지

당신

참으로 당신이
내 눈 속에 있을 때
그건 환희였습니다
미로 같던
춥고 무서운 세월
내 가슴에
수많은 별을 심으며
은하수를 만들었고
어지러운 삶 속에서
아직도 별이 되어
추억의 바다를 비추고 있습니다
참으로 나는
부질없는 파도였고
당신은 늘
사랑의 바다였습니다

여로

지금은 초라하고 무기력해도
떠도는 구름을 바라보며
시인할 일상을 찾는다

태양을 한순간에 삼키는
파도를 움켜쥐고
바늘구멍으로만 뵈는 모습이
나인 줄 알았다

선과 악이 꿈틀거리다 떠난 지금
안개가 덧칠한 빈터에서
모 아니면 도로 자판을 굴리며

하루를 삼킨 가로등 밑에서
쇠잔한 육체로 진격보다 철수하며 쓴
외로운 종군 일기

뒷걸음치면 천 길 낭떠러지
무엇을 더 쥐려는가

움직일 때마다 더 빠져드는 발걸음
자, 떠날 시간이다

회전목마 타고

산새 찾아 숲속을 거닐다
바람을 등지고 외롭다 외쳤네

놀란 산새 더 높이 날아오르다
지친 몸 씻으러 냇가에 모여
뜬구름 몇 조각으로 옷을 깁는데

어느새 옷에 걸터앉아 칭얼대는
도둑놈 가시 냅다 쥐어박으니
천당 가기 틀렸다며 우린 한몸이라네

산에 살아 산새요 들에 살면 들새라나
천리마 타야 천리 길 가고
명마 타야 명장이라나

그대 있어 나 있고 나 있어 그대 있고
구름 따라 물 따라 세상은 변치 않고
돌고 돈다나

시간을 물들이다

방범창을 뚫고 들리는
옆집 솥뚜껑 여닫는 소리
마음이 어지럽다
삼류 주간지를 일용식하며
발가벗고 담을 넘는
얄팍한 속셈으로
실바람 소리마저 무서워 마음 잠근 채
이건 되고 그건 안 된다는
몇 마디 시간 속
별빛을 찾노라면
그도 나도 물들 건
손톱만 한 마음뿐인데
내 것은 예쁘고 네 것은 더럽다며
눈치 없이 넘나들다
어디쯤 물들어 푹 빠져 버릴지

교차로에서

검은 것과 흰 것
큰 것과 작은 것

둥글넓적하다 네모나
부르기 거북한 것

목을 늘여 움츠리다
엉킨 발길들

많은 것과 적은 것
예쁜 것과 미운 것

잘한 것과 잘못한 것
꼭 집어 말 못하고

갈 길 잃은 발길에
밟는 브레이크

모르리

모르리
모르리

밤새워 귀 비비고 듣는
저 파도 소릴

넌
모르리

이 세상
어느 꽃길 걸으며

바람에 날리는
까만 모래 씹고 있을 날

너는 더 모르리
나는 더 더 모르리

석별

언젠가
오늘 같은 날

오려니
생각했지만

속절없이
스쳐 가길 기다렸네

가슴 한구석
까만 돌멩이로 누워

부르고 부르다
지친 사람아

어찌하랴 벌써
성긴 깃털 여미느냐

약속

내 종아리를 치다 지쳐
어둠에 누워 성을 쌓는다
어느 날부턴가 다가선
목마른 마음
오늘도 허둥대며
얼음장 밑에서
하얗게 웃고 있나니
언젠가 날아들 줄 모를
돌멩이를 피해
머리 하나 겨우 떠받치고
모래 위 발자국을 세며
얼마나 더 기다려야 할지

홍시

올망졸망
탱탱한 몸
바람의 알갱이 잡아당겨

옥구슬
놀던 자리
햇살 톡톡 여물면

겨우내
서러운 멍
가지 끝에 매달고

시든 불빛
세어 가며
생의 종 울려라

열애

목울대 죄어 오는
깊어 가는 가을밤
요적한 생각
천 리 길 헤매고
어슴푸레 떠 있는
어슴새벽 그믐달
어스름 고요 속에
시름만 가득하다

어떤 행복

한 가지 생각으로
하루를 열고
닫고
보랏빛 수놓아
가슴 조이며
뒤척이다
뒤척이다
나도 몰래
잠드느니

산다는 것은

바람이
물 위를 걸을 때
아래서는
물결이 뒷걸음질한다
산다는 것은
그런 것
가는 것 같으면서
오고
오는 것 같으면서
가고
다람쥐 쳇바퀴 돌듯
돌고 도는 일

징검다리

하늘까지 침침하고 답답한 마음에
찌든 발을 적시며 네게 간다
폭설이 녹는 징검다리를 건너다
엉킨 마음이 녹아 흐를 때
이를 사랑이라 이름하고
서로의 가슴에 실컷 적신 파문을
진실이라 하자
발 시려 등골마저 뻣뻣해도
행복하여 웃는 것은
마음이 넘치도록 같이할 수 있다는 기쁨에
징검다리가 끊긴 날
서로 징검다리가 되는 파문을 그리며
실컷 적셔 볼 일이다

예행 연습

농밀한 은행 향기
가을 땡볕에 비척인다

향기가
있으라 했던가
향기가 되라 했던가

전국에 비 온다는데
단맛에 젖은 벌 나비
가는 곳 어디인가

머무름은 끝이 아니라
여정의 한순간이라고
향기 있음은 채움의 변명이라고

시간에 갇혀
떠돈 거리
뉘 발길질에 차여 울고 갈지

넋두리

미루나무 가지 끝에
매달린
연 꼬리
더 날고 싶어 안달이다
난삽한 꼬리 감춘 채
춤판에 엉켜
끝내 찾아야 할 건
무엇이냐

열대야 엘레지

제2부

거짓의 진실

앞서거니 뒤서거니
말을 걸치다 보면
겉과 속이 아리송할 때 있지

그러기도 할 것이
겉과 속이 찰떡궁합인 듯하여
육하원칙으로 따지다 보면

어디선가 본 듯이
선연하게 떠오른
심사 때문만은 아니리

고무줄을 양 끝에서
잡아당기다 끊어질 때
누구 잘못이라고 딱히 말하기 그렇듯

속내 감춘 걸 걸고넘어져
한 볼때기라도 더 떼어 내려 함은
심오하고 온당한 생각 때문

오월은

삼원색 유액 흐르는
담록의 자리마다
꽃 내음 웃음꽃 자지러지는
비탈길 세월
인고의 터널 지난
옷자락 끝 봄바람
초록 방울 키워
신묘한 향기 내려 부르는
신록의 계절

날벼락

때 이른 추위 소식에 간
고구마밭

가뭄과 장마를 이겨
잘도 익었구나

아직 싱싱한 그물 덩굴
걷어 올릴 때마다

갑작스레 무너진
새앙쥐 삶터

필사 탈출에도 묻혀
처참하게 무너져 갔다

퇴역

옷장 정리 중
새록새록 들리는 말간 웃음
숨죽인 채 허상을 풍기며
깊은 잠에 빠졌다
매캐하고 눅눅한 기억 속
애써 매만지던 단추 구멍
고집스럽게 다가선다
순간의 유혹을 뿌리치고
오직 너 하나만을 찾던 손길
미안하다
다행이다
가볍게 떠남을 용서하라

봄을 만지다

내리던 비 머츰한 4차선 도로변
도깨비시장 사람들 발등 불붙었다
화석같이 입 다문 생선이며 나른한
봄 내음 질퍽하게 반죽한 먹거리
가로수 꽃향기 봄기운 날린다
졸음에 쫓긴 아직 한겨울 차림
허리 구부정한 할머니
간혹 인도 블록에 머리 조아리다
얼굴에 내린 인기척 알아차리고
파란 비닐 봉지 가득
잠결 봄 몇 뿌리 받아든 아낙
파랑파랑한 눈망울 기다리는
희망찬 봄 자락 속으로
빠른 발걸음 매달고 사라진다

도전

눈 부릅뜨고
손톱이 닳도록 긁어 왔지
바람 소리 오늘따라 어이 차가운가

풀 죽어 오라는 데 없어도
거미줄 아직 성성하니
벌써부터 짓누르지 말라고

꽃 피고 새 울면
그 여백에 들어가
심드렁한 심사 흔들며

발걸음 닿는 길마다
꽃씨 뿌릴 줄 그 누가 알아요

힘

정의 앞에
바로 선
공정한 작은 새

희망의 소리

아파트 숲을 나설 때 들리는
생글생글한 웃음소리

몽실몽실한 사랑의 소리
어깨에 내린다

풋풋한 보조개와 깜찍한 눈
듬직한 목소리

나라와 혈육의 소중한 자산
희망의 파랑새 날으는

미래가 있는 나라 대한민국
즐거운 아침

만만세다

독백

바지랑대 끝에
동그마니 앉아 있는
한가한 잠자리인가
허허벌판 논바닥에서
찢어진 옷깃을 여미는
고독한 허수아비인가
오가는 이 발길에 차여
짓이겨져 반들거리는
몽돌인가
몸 뒤척이다
회오리바람 속에 쓸려 간
애잔한 낙엽인가
파도 속을 맴돌다
길 잃은 조각돌인가
허공을 헤매다 사라진 목소리
나는 과연 누구인가

세모

구세군 종소리
진눈깨비와 어우러지는 날
푸성귀 몇 단
빈 박스에 올려놓고
몇 푼 갈아 보려는 목소리
침 튕겨 메아리 될 때까지
아린 손등 매만지며
웅크리고 있는 애원의 모습
오늘따라 희미한 가로등 아래
애처롭게 흔들린다

마음의 정원

세상은 빛이다
빛의 마당이다
멀리 있음일까
작아서일까
어지러운 자리마다
삼라만상 갈아입고
들리지 않고
만질 수 없는
세상 만사 모두
내 안에 있구나

이삭줍기

허리 부러질라
어지간히 하시오
할퀴고 꺾는 일
그리 만만하오
하러 온 등산이나
열중하지
웬 헛발질이오

청춘의 덫

달빛 명징한
한로 치른 새벽
찬 공기 가르는
저 함성
산허리 돌아 우렁차다
힘차게 태극기 날리는
오늘은
한글날
대한민국 만세
만만세다

애모

별꽃이 쏟아지는 밤
그대 찾아 헤매는
발자국 소리 들리더이까

기다리다 지친 자리에서
빈 잔에 그리움을 담았다 비우는
한숨 소리 들리더이까

꿈속에 쏟아지는 눈에 맞아
입술이 불어터진
내 얼굴이 보이더이까

이 마음 식지 않도록
눈일랑 감고 반쯤 귀 열어 달라는
애원의 소리 들리더이까

한 줄기 빛만 찾아
비바람 속을 헤매는
내 모습 보이더이까

흐리멍덩한

물이 다니는 길을
물길이라 한다

말길을 어지럽혀
무의미하게 조작돼

왜곡된 진실의
정의는 서글프다

의미를 방기하여
덧칠하지 말고

진실하되
늪에 빠지지 마라

열대야 엘레지

열대야를 씹다 보면 열대어 된다
세상사 계단 천지니
더위까지 등급 올라
혓바닥을 주체 못한 멍멍이
달을 향해 주책 떨고
목을 가다듬은 에어컨
몇 곡조 부르니
찬바람 전율에 몸 턴 열대어
기차게 아양 떤다
불쾌지수 잔뜩 먹은 곰 고향 생각에
얼음덩이와 어우러지고
열선을 두른 해바라기 덩달아 춤추다
열대야 광기에 실신한 달
구름 사이로 반쯤 목 내밀 때
눈 부릅뜬 파리 한 마리
계란판에서 자동으로 부화한 병아리와 졸다
떼거리 매미 음정 박자에 미끄러져
넉장거리하는 밤

명의 名医

코끝 시린
초가을 아침
청소부 할머니가 톺아 보며
거둔
팔차선 여백
참 휜하다

뉘신가

창문을 뒤흔드는 굉음에도
잠 깰 줄 몰랐는데
눈에 밟혀
눈을 떴네
나뭇가지 흔든 바람
다시 올 리 없듯
떨치지 못하는 마음
어쩔 수 없지만
씻지 못해 찌든 마음
먼 먼
어느 날은 어떡하지

큰 바위 얼굴
―아버지

누가 당신을 울게 했나요
모든 걸 자책하며 가족을 위해
온몸 부서져라 달 별 벗 삼고
울 곳조차 없어
가슴으로 울던 당신
아버지라는 사슬에 묶여
내색 없이 큰 짐 지시다
멀리 가신 큰 바위 얼굴

당신을 무엇이 아프게 했나요
온몸 부서져라 짐만 지시다
비바람에 온몸 젖고
살을 에는 눈보라에
울 곳조차 찾지 못한 슬픔
가슴으로만 아파하면서
바르게 살라 깨우쳐 주신
그립습니다 큰 바위 얼굴

낮은음자리

제3부

염원

알콜 냄새 진동하는
중환자 병동

삶과 죽음이 교차하는
싸늘한 숨소리 널렸다

지친 눈은 근시 되고
가는 햇살에 핀 염원의 꽃

인적 없는 병실 지키다 지키다
기척 없이 무너져 내리는

앞선 이별 준비 끝
긴 한숨

초승달

외로운 마음
속삭이려
살며시 눈짓하고

기쁜 마음
새기려
산뜻하게 차려 입고

구만리 길 헤쳐 오는
보고 싶은
네 얼굴

그리운 것들

둘이서는 어둔 길을 걸어도
무서운 줄 몰랐고
바람은 언제나 불며
달은 뜨고 지고
별은 반짝이는 줄 알았다
손 시리면 주머니 속
움츠리던 손가락으로
세월의 눈금을 세었고
별의 기침 소리로 엮어 온
생의 발자국을 뒤돌아보며
어디에도 물들 줄 모를 허물을 찾아
오늘을 노래하나니
아직도 오금 뜨며
이죽거리는 신세
어이 절절한 꿈 이어 갈까

메아리

훔쳐 갈까
스러질까
아련한 숨결
어디쯤 달려와
오롯이 서 있을까

설교 시간

식사 시간에 아들과 탁구를 한다
오고 가다
꽃눈에 맞은 공
다시 튀어 오를 때
말 못하고
발밑에 구르는
개구리 울음소리

꿈

뒤척인다
어긋난 기억의 퍼즐
원근에서 들쑥날쑥
굼벵이 걸음
말발굽 소리 매만지며
천상천하를 주유한다

어머니 꽃

초여름 한낮
성난 햇살의 외침에 놀라
이팝나무 가지에 핀
철 이른 눈꽃
보리밥마저 그리워
항아리에 머리 풀고
빈 바가지 긁을 때
가슴속에
고인 눈물은
어머니 한숨이었지

소나기 맞으며

고요를 쏟은 후
눈빛 빛나더니

웅덩이 여기저기
마른기침이다

찬바람 일자
낌새 차리고

몸 사리는 순간
죄 없는 자 나오라

숨은 자 어디 있느냐
지천을 뒤흔드는 소리

미동 없는 잡초 속에
눈망울 멎고

쓰다듬던 잔잔한 손길
숨 죽여 떨고

내 무게

아무것도 내세울 것 없어
낙엽이란 낙엽
긁어 모았습니다
어쩌다 흔들리면
찢긴 대로 젖은 대로
그저 담았습니다
때로 찬바람 일어
기억되는 일 뜨겁지만
뒤돌아볼 때마다 더
발걸음이 무거운 것은
주체할 수 없어
침묵으로 점철된 생각
씻어 가는 일

거미줄 그네

멀리 날고 싶어
그네를 단번에 움켜쥐고
지친 몸을 실었다
폭죽 같은 심장 터질까 봐
땅을 차고 발을 굴러
제비같이 솟을 때
허공에 걸린 그네
엷은 미소 지으며
덫에 걸린 욕망의 화신
바로 너이냐며
좀처럼 움직이지 않았다

모래성

상념의 가지마다
지친 마음
전할 길 없어
기다리다
기다리다
생각나면
다시 부르는 노래

과유불급

비 갠 날 아침
노랑나비 노란 장미꽃에
흰나비 하얀 박꽃에
기웃기웃하다 앉을 때
떠들썩거리던 팔랑 호랑나비
떠들썩거리며
접시꽃에 앉으려다
어려움 알아차리고
앉을 곳 찾지 못해
욕망의 혀 내두르다 지쳐
멀리 사라지더라

무제

울고 불며
살 집에 들었지
그 많은 빈 곳에
무얼 담을까 걱정했지만
채울 일 많아도
주인은 따로 있다고
한 줄기 눈물 흘리며
주책없이 난
갈 길을 되묻는다

일생

가슴에 안은
산 하나
오르고 내릴 때마다
들리는
소리, 소리…
고요, 고요…
올려다보고
내려다볼
마지막
그날은
언제냐

한 사람

헤어지면 보고 싶고
마주하면 할 말 잃은 사람이
그래도 행복하여 온종일
한 사람을 생각합니다
길을 걷다가
헤어진 후 할 말 떠올라
살아가는 동안
가슴에 그리며
미로 같은 길 걷겠다고
어둠 속으로 사라지는
먼 뒷모습을 밟던 나는
정말 바보 같은 사람입니다

어떤 슬픔
―엘리베이터에서

울창한 밀림 속
사각의 정글

죽기 살기 들러붙은
욕망의 군상

어설픈 마음의 고리
잘못 잡힌 코드에 걸려

흔들리다 흔들리다
끝내 흔들리지 않는

저 미완의 꼬리들

고스톱

뜬구름 잡으러
고공 낙하하는 생과 사

오욕의 오발탄을 쏘며
가다 서고 서다 간다

모든 것은 한순간
남는 건 빈 깡통

핑계의 무덤 앞에
좌정한 선남선녀

치매 예방된다며
열두 마당 사형제
열공 중이다

낮은음자리

이 세상 낮은 곳에 사는
바람은 외롭지 않겠네

무겁고 어둑한 허물
파도에 씻고

어둠에 몸을 던져
더 작아지려니

더 낮은 목소리로
마음의 매듭 풀어

흔들리는 날개에
아득한 그리움 사위어

영원히 청청할
진실의 종 울리려니

희미해지기

어디서 왔다
어디로 가자는 건가

머물 곳 잃은 이 발걸음
모진 형극을 떨치고

뼛속 깊이 채우다 넘친
희미한 이 불씨

너울너울
금빛 햇살로 다가오는

지금도 허전한데
긴 뒤채임 뒤

그 어느 날은 어쩌지
도대체 당신은 무엇인지

제4부 한계치 사랑

한계치 사랑

고시랑거리는
파도 소리 말고
참외밭에 나뒹구는
고슴도치 소리는
더도 말고
알몸 되어 부끄럽다며
너스레 떨다
대접 받으러 껍질 벗은
양파…
끝내 단물 빠져
더 더없이
내동댕이친 저 껌은
얼마나 철딱서니 없는
사랑이냐

바람아 · 1

찬바람 앞세워 비 내린다
나뭇가지 끝
허투루 쓴
미련의 글씨
애처롭게 책갈피 넘기고
거친 비질에
한사코 몸 비트는 낙엽
간지럼 좀 달라며
한바탕 웃으면 어떻겠냐고
미화원 허리 좀
활짝 펴면 어떻겠냐고…

바람아·2

오늘은 떠돌아다니다
어디로 가니
초행길은 조심하렴
어제는 누구와 지냈니
누굴 좋아하니
왈가닥거리다가도
부드러운 눈짓 손길 좋지만

누구 말도 듣지 않는 성깔 하나
알아 줄만 하구나
가만가만 다녀가렴
2016. 8. 8
주먹만 한 배추 한 포기
만원이란다

천국의 계단

천수의 계단을 오르다
몇 걸음 남겨 두고
벌써 눈빛 흐릿한 울 엄니

시간의 마디 풀어
딱 딱 딱 수저로
세상을 진맥하시더니

물경 바닷물은 벌써 넘쳐
땅은 패였고
발걸음 멈칫한 산마루에 쌓인

가없는 어버이 사랑
오늘 따라
아침 햇살에 어려 비릿하다

소설

저녁노을 찾아드는
갈대 키 재던 길
시든 풀잎 엎드려
휑하니 비워 놓고
세상 구경 접은 바람
가슴 가득 모여들 때
처소 찾는 기러기
햇살 헤적여 춤추며
싸락싸락 내리는 서설
웅크린 가슴에 안겨
G단조 선율 부채질한다

멀고도 먼 길

둘이서
어둔 길 걸어도
무서운 줄 몰랐고

바람은
언제나 불고 달은 지며
별은 반짝이는 줄 알았다

추우면
주머니에 손 넣고
잠 못 이루던 나날

마음 졸여
쌓인 이 무게는
세파에 지친 삶의 증표려니

어느 조화에
반환점 돌아
단아한 모습 그려 볼까

미리-미리

세상은 불의 나라
햇불을 높이 들고

남쪽으로
남쪽으로

요동치던 심장
붉은 깃발 나부끼고

숨 막힌 거리는
화기 어린 감옥터

넘쳐흐르는 불덩이
낮은 데로 낮은 데로

너와 나 몸 낮출
우물 하나 간직하세

정

무엇이라 했나
그게
아직도 살아 있구나
꿈속을 헤집다
손톱 밑에 넘어져
잊을 만하면 찾더니
중천에 뜬 달
오늘도 지지 않고
날 부르는구나
그러다
그러다
한숨마저 마를
그날이 오면
그날엔
난 어쩌라고

풍경

잠투정하다 늦잠 든 이슬
싱그러운 모습 탱탱하다
널뛰며 열애하다 들킨 것들
녹슨 우산살에 꿰어 일광욕할 때
길 잘못 든 지렁이 한 마리
어휴! 살았다 한숨 지른다
나들이 나선 달팽이 한 마리
손바닥 앞뒤를 거닐며
감사의 인사하고
강아지와 산책하는
말쑥한 노부부
사랑의 어휘를 신나게 풀이한다

헷갈리다

검정 비닐 속에 한 달여 동안
갇혀 있는 호박고구마를 꺼내
고구마 호박이라 불러 본다
어색하다
헷갈린다
비스듬히 그럴듯하다
단번에 적시치 못하고
가까이서 빙빙 도는 경우
누구에게나 있지
아무리 뾰루지 투성이래도
두 눈 멀거니 뜨고 침만 삼키는 건
애간장의 증표려니
튼실한 틀거지 이 몸뚱이
이 화택火宅 언제나 벗을까

무지개

혼자는
갈 수 없었지
올 수도 없었지
굽은 허리 마주하고
주름진 얼굴 부비며
먼 뒤안길
목마른 손짓으로
해맑게 물들여 오는
그리운 다리였지

작은 것들

실 구멍 스치는 찬바람에
겨울 강아지 감기 들라
콩 한 개 두 쪽 내는 마음
너럭바위 들썩인다
하루살이 죽음도 죽음인지라
애잔한 장송곡 어찌하랴
쥐 쫓던 고양이 한숨
쥐구멍 무너진다
귓속 파리 한 마리 세상을 뒤흔들다
제풀에 쓰러지고
주차난 심할 때 '티코' 만세다
소식小食이 좋다 해도
바늘 도둑도 소 도둑
늦봄 햇살에
꽃잎 하나둘 떨어진다

대지의 꿈

마귀 같은 손으로
아무리 몸을 휘저어도
겨우 비켜 앉을 뿐

움직이지도 말하지도 못하는
헛것이라고
후비고 찍어도 아파할 줄 모른다며
지지고 볶아대던 서툰 일상
누구 하나 그 무엇도
내겐 별로였어

때론 어쩌다일 뿐
느낌 없이 눈만 끔쩍이며
오묘한 말에도 흔들리지 않고
계절의 바퀴에 올라앉아
꿋꿋하고 넉넉했지

만사에 끝은 있는 법
무자비한 헛발질에 피멍 든 몸
바로 제 몫이 되듯

찔레꽃

얼마를 헤매야 하나
찾을 길 없어라

찌일룩
찔룩찔룩

만날 길 없어
서럽게 울다 핀

하얀 찔레꽃
온몸을 절룩이며

찔룩찔룩 찌일룩
한생을 울며 살았지

길을 접다
—마라톤

바람을 가르고
백 리 길을 접으려
출발선에 섰다
좌우충돌의 환희를 씹는
수백의 건아들
꽃향내와 침묵을 쥐고
하나같이 박동에 발 맞춰
누구에게도
줄 수 없는
영광과 고난의 길을

독버섯

비 온 뒤
눈 흘기지 마라
시침도 떼지 마라
옷깃 여미고
고개 숙인 채
곁눈질도 마라
요염한 교태
눈 어지럽고
두 다리 흔든다

방랑의 길

유랑의 늪에 빠진
쏜 화살 잡으려
앞만 보고 걸었지
단물 빠진 껌 될 때까지
비뚤어진 입질로
먼지 서린 터널을 지나
한눈팔면 죽는 줄 알면서도
어깻바람에 몸을 싣고
덧칠한 삼십여 화택火宅의 길
지금도 뒤따르고 있네

약속의 땅

해와 달
불과 물
기쁨과 슬픔

쇳덩이
흙덩이
돌덩이

나뭇등걸
두엄

창고 속에 들어설
빈자리 많은데
무얼 담아야 채워질지

한줄기 눈물
앞을 가로막고
갈 길을 되묻는다

경계에 서다

한량 같은 허수아비
먹고살 만한지
이목구비 굵고
때깔도 곱다
황금물결에도 놀라지 않더니
춤추는 옷깃에 허둥대는 참새
세상을 붐비다 부유하는
헛것만 보았는가
긴 기다림에 지쳐
옷고름 풀고도 날지 못하는
너와 나 사이
다시 한번 서 볼 일이다.

향기 없어도
안아 주고
싶은 꽃

발행 I 2025년 6월 20일
지은이 I 강태구
펴낸이 I 김명덕
펴낸곳 I 한강출판사
홈페이지 I www.mhspace.co.kr
등록 I 1988년 1월 15일(제8-39호)
주소 I 서울특별시 종로구 삼일대로 457, 501호(경운동)
전화 02-735-4257, 734-4283 팩스 02-739-4285

값 12,000원

ISBN 978-89-5794-590-2 04810
      978-89-88440-00-1 (세트)

※ 저자와의 협약에 의해 인지는 생략합니다.
※ 이 책의 저작권은 저자와 본 출판사에 있습니다.